화엄경 제61권 (입법계품 39-2) 해설

화엄경 제61권에는 보현보살이 10종 사자빈신삼매에 들어 불가설 불찰미진수 법구로 설하고져 10수의 게송을 읊었다. (1-10p)

"一一毛孔中 微塵數刹海 ~ 普雨甘露法 令衆生佛道"

그리고 미간의 백호상에서 대광명을 놓으니 시방일체 미진수국토에 계신 불보살들이 다 그 빛을 보고 부처님께 공양코져 백천삼매에 들었다. (11-47p)

그때에 모든 보살들이 부처님을 뵙고 사자좌에 앉아 갖가지 구름을 일으켜 주위를 장엄하자 문수사리가 부처님의 신력을 입고 다시 게송으로 읊었다. (52-59p)

"汝應觀此逝多林 ~ 莫不於此林中現"

그때 모든 보살들이 부처님의 삼매 광명을 받고 서다림에 있으니 문수사리동자가 그의 권속들과 함께 모여와 사이불과 함께 6천 비구를 거느리고 부처님께 예배드리니 사이불이 문수동자를 칭찬하였다. (60-88p) 그때 문수보살이 모든 비구들에게 열 가지 대승법에 취입하는 방법을 말하였다. (88-97p)

入法界品 第三十九之二
입법계품 제삼십구지이

爾時普賢菩薩摩訶薩普
이시보현보살마하살보

觀一切菩薩衆會以等法界
관일체보살중회이등법계

方便等虛空界方便等衆生
방편등허공계방편등중생

界方便等三世等一切劫等
계방편등삼세등일체겁등

一切衆生業等一切衆生欲
일체중생업등일체중생욕

等一切衆生解等一切衆生
등일체중생해등일체중생

根(근)等(등)一(일)切(체)衆(중)生(생)成(성)熟(숙)時(시)等(등)一(일)
切(체)法(법)光(광)影(영)方(방)便(편)爲(위)諸(제)菩(보)薩(살)以(이)
十(십)種(종)法(법)句(구)開(개)發(발)顯(현)示(시)照(조)明(명)演(연)
說(설)此(차)師(사)子(자)頻(빈)申(신)三(삼)昧(매)何(하)等(등)爲(위)
十(십)所(소)謂(위)演(연)說(설)能(능)示(시)現(현)等(등)法(법)界(계)
一(일)切(체)佛(불)刹(찰)微(미)塵(진)中(중)諸(제)佛(불)出(출)興(흥)
次(차)第(제)諸(제)刹(찰)成(성)壞(괴)次(차)第(제)法(법)句(구)演(연)

說能示現等虛空界一切佛
설능시현등허공계일체불

刹中盡未來劫讚歎如來功
찰중진미래겁찬탄여래공

德音聲法句演說能示現等
덕음성법구연설능시현등

虛空界一切佛刹中如來出
허공계일체불찰중여래출

世無量無邊成正覺門法句
세무량무변성정각문법구

演說能示現等虛空界一切
연설능시현등허공계일체

佛刹中佛坐道場菩薩衆會
불찰중불좌도량보살중회

사경의 공덕은 십만억 부처님께 공양한 것과 같은 공덕이 있습니다.

法 법	境 경	顯 현	身 신	充 충	出 출	法 법
句 구	界 계	現 현	充 충	滿 만	現 현	句 구
演 연	中 중	法 법	滿 만	法 법	等 등	演 연
說 설	普 보	句 구	十 시	界 계	三 삼	說 설
能 능	現 현	演 연	方 방	法 법	世 세	於 어
令 령	三 삼	說 설	一 일	句 구	一 일	一 일
一 일	世 세	能 능	切 체	演 연	切 체	切 체
切 체	諸 제	令 령	刹 찰	說 설	佛 불	毛 모
佛 불	佛 불	一 일	海 해	能 능	變 변	孔 공
刹 찰	神 신	切 체	平 평	令 령	化 화	念 념
微 미	變 변	諸 제	等 등	一 일	身 신	念 념

塵中普現三世一切佛刹微
塵數佛種種神變無量劫
法句演說能令一切毛孔出
生三世一切諸佛大願海音
盡未來劫開發化導一切菩
薩法句演說能令佛師子座
量同法界菩薩衆會道場莊

嚴(엄)等(등)無(무)差(차)別(별)盡(진)未(미)來(래)劫(겁)轉(전)於(어)
種(종)種(종)微(미)妙(묘)法(법)輪(륜)法(법)句(구)
佛(불)子(자)此(차)十(십)爲(위)首(수)有(유)不(불)可(가)說(설)
佛(불)剎(찰)微(미)塵(진)數(수)法(법)句(구)皆(개)是(시)如(여)來(래)
智(지)慧(혜)境(경)界(계)爾(이)時(시)普(보)賢(현)菩(보)薩(살)欲(욕)
重(중)宣(선)此(차)義(의)承(승)佛(불)神(신)力(력)觀(관)察(찰)如(여)
來(래)觀(관)察(찰)衆(중)會(회)觀(관)察(찰)諸(제)佛(불)難(난)思(사)

境界觀察諸佛無邊三昧觀
경계관찰제불무변삼매관

察不可思議諸世界海觀察
찰불가사의제세계해관찰

不可思議如幻法智觀察不
불가사의여환법지관찰불

可思議三世諸佛悉皆平等
가사의삼세제불실개평등

觀察一切無量無邊諸言辭
관찰일체무량무변제언사

法而說頌言
법이설송언

一一毛孔中 微塵數剎海
일일모공중 미진수찰해

悉有如來座 (실유여래좌)
一一毛孔中 (일일모공중)
佛處菩提座 (불처보리좌)
一一毛孔中 (일일모공중)
菩薩衆圍繞 (보살중위요)
佛坐一國土 (불좌일국토)
無量菩薩雲 (무량보살운)

皆具菩薩衆 (개구보살중)
無量諸刹海 (무량제찰해)
如是徧法界 (여시변법계)
一切刹塵佛 (일체찰진불)
爲說普賢行 (위설보현행)
充滿十方界 (충만시방계)
咸來集其所 (함래집기소)

億刹微塵數 (억찰미진수)
俱從會中起 (구종회중기)
悉住普賢行 (실주보현행)
普現一切刹 (보현일체찰)
安坐一切刹 (안좌일체찰)
一一國土中 (일일국토중)
菩薩所修行 (보살소수행)

菩薩功德海 (보살공덕해)
遍滿十方界 (변만십방계)
皆遊法界海 (개유법계해)
等入諸佛會 (등입제불회)
聽聞一切法 (청문일체법)
億劫修諸行 (억겁수제행)
普明法海行 (보명법해행)

入於大願海 (입어대원해)
了達普賢行 (요달보현행)
具佛功德海 (구불공덕해)
身雲等塵數 (신운등진수)
普雨甘露法 (보우감로법)
爾時世尊欲 (이시세존욕)
住如來師子頻 (주여래사자빈)

住佛境界地 (주불경계지)
出生諸佛法 (출생제불법)
廣現神通事 (광현신통사)
充徧一切刹 (충변일체찰)
令衆主佛道 (령중주불도)
令諸菩薩安 (령제보살안)
申廣大三昧 (신광대삼매)

故從眉間白毫相放大光明
고종미간백호상방대광명

光名普照三世法界門以不
광명보조삼세법계문이불

可說佛刹微塵數光明而爲
가설불찰미진수광명이위

眷屬普照十方一切世界海
권속보조시방일체세계해

諸佛國土
제불국토

時逝多林菩薩大衆悉見
시서다림보살대중실견

一切盡法界虛空界一切佛
일체진법계허공계일체불

사경의 공덕은 십만억 부처님께 공양한 것과 같은 공덕이 있습니다.

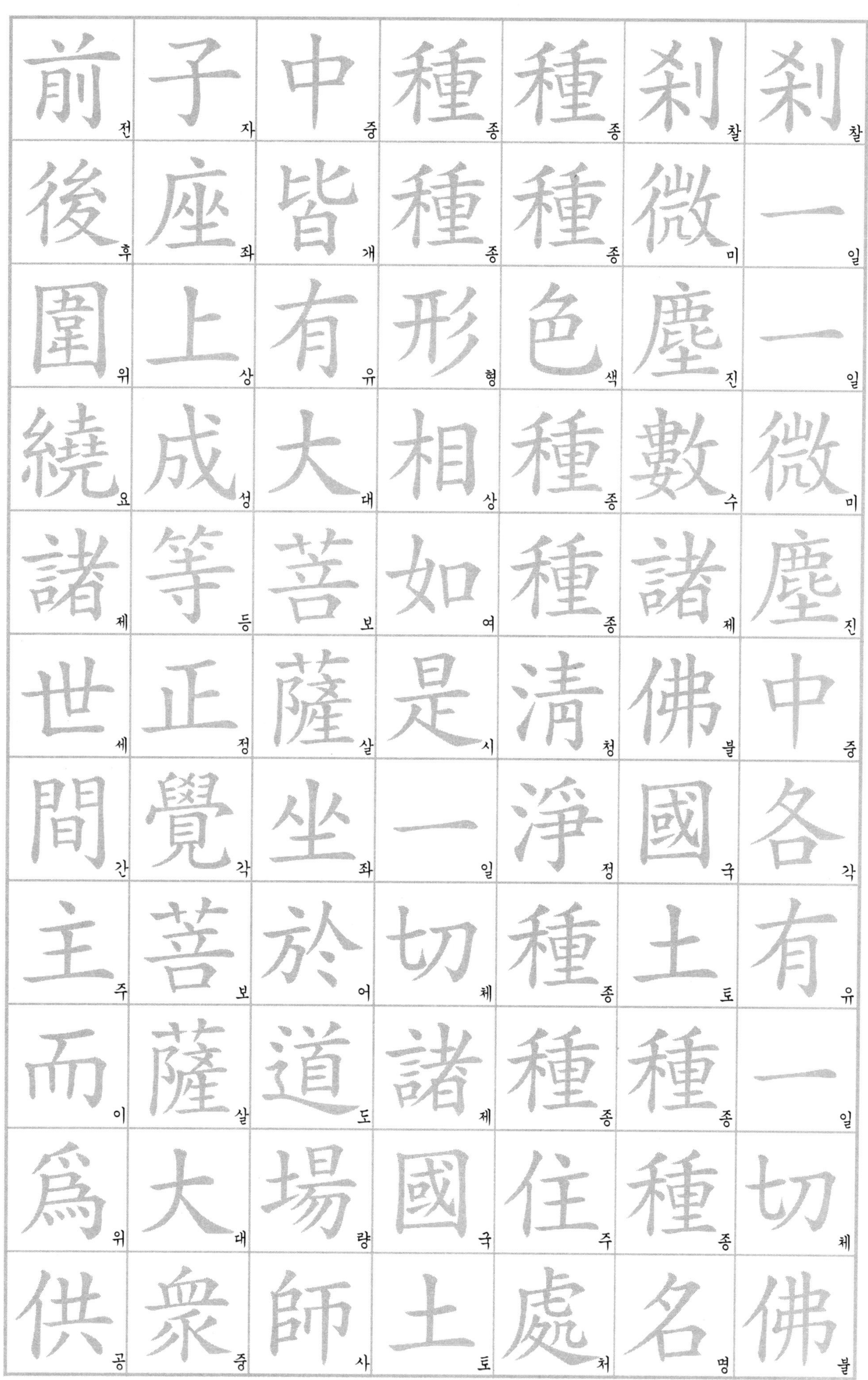
刹一一微塵中各有一切佛
刹微塵數諸佛國土種種名
種種色種種清淨種種住處
種種形相如是一切諸國土
中皆有大菩薩坐於道場師
子座上成等正覺菩薩大衆
前後圍繞諸世間主而爲供

間 간	人 인	羅 라	宮 궁	轉 전	衆 중	養 양
村 촌	非 비	迦 가	殿 전	正 정	會 회	或 혹
邑 읍	人 인	樓 루	夜 야	法 법	中 중	見 견
聚 취	等 등	羅 라	叉 차	輪 륜	出 출	於 어
落 락	諸 제	緊 긴	宮 궁	或 혹	妙 묘	不 불
王 왕	宮 궁	那 나	殿 전	見 견	音 음	可 가
都 도	殿 전	羅 라	乾 건	在 재	聲 성	說 설
大 대	中 중	摩 마	闥 달	天 천	充 충	佛 불
處 처	或 혹	睺 후	婆 바	宮 궁	滿 만	刹 찰
現 현	在 재	羅 라	阿 아	殿 전	法 법	量 량
種 종	人 인	伽 가	修 수	龍 용	界 계	大 대

種種姓種種名種種身種種相
種種光明住種種威儀入種
種三昧現種種神變或時自
以種種言音或令種種諸菩
薩等在於種種大衆會中種
種言辭說種種法
如此會中菩薩大衆見於

종종성종종명종종신종종상
종종광명주종종위의입종
종삼매현종종신변혹시자
이종종언음혹령종종제보
살등재어종종대중회중종
종언사설종종법
여차회중보살대중견어

如(여)是(시)諸(제)佛(불)如(여)來(래)甚(심)深(심)三(삼)昧(매)大(대)
神(신)通(통)力(력)如(여)是(시)盡(진)法(법)界(계)虛(허)空(공)界(계)
東(동)西(서)南(남)北(북)四(사)維(유)上(상)下(하)一(일)切(체)方(방)
海(해)中(중)依(의)於(어)衆(중)生(생)心(심)想(상)而(이)住(주)始(시)
從(종)前(전)際(제)至(지)今(금)現(현)在(재)一(일)切(체)國(국)土(토)
身(신)一(일)切(체)衆(중)生(생)身(신)一(일)切(체)虛(허)空(공)道(도)
其(기)中(중)一(일)一(일)毛(모)端(단)量(량)處(처)一(일)一(일)各(각)

有微塵數刹種種業起次第
而住悉有道場菩薩衆會皆
亦如是見佛神力不壞三世
不壞世間於一切衆生心中
現其影像隨一切衆生心樂
出妙言音普入一切衆會中
普現一切衆生前色相有別

智慧無異隨其所應開示佛
지혜무이수기소응개시불

法教化調伏一切衆生未曾
법교화조복일체중생미증

休息其有見此佛神力者皆
휴식기유견차불신력자개

是毘盧遮那如來於往昔時
시비로자나여래어왕석시

善根攝受或昔曾以四攝所
선근섭수혹석증이사섭소

攝或是見聞憶念親近之所
섭혹시견문억념친근지소

成熟或是往昔教其令發阿
성숙혹시왕석교기령발아

耨多羅三藐三菩提心或是
녹다라삼먁삼보리심혹시

往昔於諸佛所同種善根或
왕석어제불소동종선근혹

是過去以一切智善巧方便
시과거이일체지선교방편

教化成熟
교화성숙

是故皆得入於如來不可
시고개득입어여래불가

思議甚深三昧盡法界虛空
사의심심삼매진법계허공

界大神通力或入法身或入
계대신통력혹입법신혹입

海 해	力 력	昧 매	入 입	清 청	入 입	色 색
彼 피	無 무	無 무	成 성	淨 정	圓 원	身 신
諸 제	畏 외	差 차	正 정	行 행	滿 만	或 혹
菩 보	智 지	別 별	覺 각	輪 륜	諸 제	入 입
薩 살	或 혹	大 대	力 력	或 혹	波 바	往 왕
以 이	入 입	神 신	或 혹	入 입	羅 라	昔 석
種 종	佛 불	變 변	入 입	菩 보	蜜 밀	所 소
種 종	無 무	或 혹	佛 불	薩 살	或 혹	成 성
解 해	礙 애	入 입	所 소	諸 제	入 입	就 취
種 종	辯 변	如 여	住 주	地 지	莊 장	行 행
種 종	才 재	來 래	三 삼	或 혹	嚴 엄	或 혹

道(도)種(종)種(종)門(문)種(종)種(종)入(입)種(종)種(종)理(리)趣(취)
種(종)種(종)隨(수)順(순)種(종)種(종)智(지)慧(혜)種(종)種(종)助(조)
道(도)種(종)種(종)方(방)便(편)種(종)種(종)三(삼)昧(매)入(입)如(여)
是(시)等(등)十(십)不(불)可(가)說(설)佛(불)刹(찰)微(미)塵(진)數(수)
佛(불)神(신)變(변)海(해)方(방)便(편)門(문)云(운)何(하)種(종)種(종)
三(삼)昧(매)
所(소)謂(위)普(보)莊(장)嚴(엄)法(법)界(계)三(삼)昧(매)普(보)

照(조) 一(일) 切(체) 三(삼) 世(세) 無(무) 礙(애) 境(경) 界(계) 三(삼) 昧(매)
法(법) 界(계) 無(무) 差(차) 別(별) 智(지) 光(광) 明(명) 三(삼) 昧(매) 入(입)
如(여) 來(래) 境(경) 界(계) 不(부) 動(동) 轉(전) 三(삼) 昧(매) 普(보) 照(조)
無(무) 邊(변) 虛(허) 空(공) 三(삼) 昧(매) 入(입) 如(여) 來(래) 力(력) 三(삼)
昧(매) 佛(불) 無(무) 畏(외) 勇(용) 猛(맹) 奮(분) 迅(신) 莊(장) 嚴(엄) 三(삼)
昧(매) 一(일) 切(체) 法(법) 界(계) 旋(선) 轉(전) 藏(장) 三(삼) 昧(매) 如(여)
月(월) 普(보) 現(현) 一(일) 切(체) 法(법) 界(계) 以(이) 無(무) 礙(애) 音(음)

大開演三昧普清淨法光明
대개연삼매보청정법광명

三昧無礙繒法王幢三昧一
삼매무애증법왕당삼매일

一境界中悉見一切諸佛海
일경계중실견일체제불해

三昧於一切世間悉現身三
삼매어일체세간실현신삼

昧入如來無差別身境界三
매입여래무차별신경계삼

昧隨一切世間轉大悲藏三
매수일체세간전대비장삼

昧知一切法無有跡三昧知
매지일체법무유적삼매지

一切法究竟寂滅三昧雖無
일체법구경적멸삼매수무

所得而能變化普現世間三
소득이능변화보현세간삼

昧普入一切刹三昧莊嚴一
매보입일체찰삼매장엄일

切刹成正覺三昧觀一切世
체찰성정각삼매관일체세

間主色相差別三昧觀一切
간주색상차별삼매관일체

衆生境界無障礙三昧能出
중생경계무장애삼매능출

生一切如來母三昧能修行
생일체여래모삼매능수행

入一切佛海功德道三昧一
一境界中出現神變盡未來
際三昧入一切如來本事海
三昧盡未來際護持一切如
來種性三昧以決定解力令
現十方一切佛剎海皆清淨
三昧一念中普照一切佛所

住三昧入一切境界無礙際
주삼매입일체경계무애제
三昧令一切世界爲一佛刹
삼매령일체세계위일불찰
三昧出一切佛變化身三昧
삼매출일체불변화신삼매
以金剛王智知一切諸根海
이금강왕지지일체제근해
三昧知一切如來同一身三
삼매지일체여래동일신삼
昧知一切法界安立悉住
매지일체법계안립실주
心念際三昧於一切法界廣
심념제삼매어일체법계광

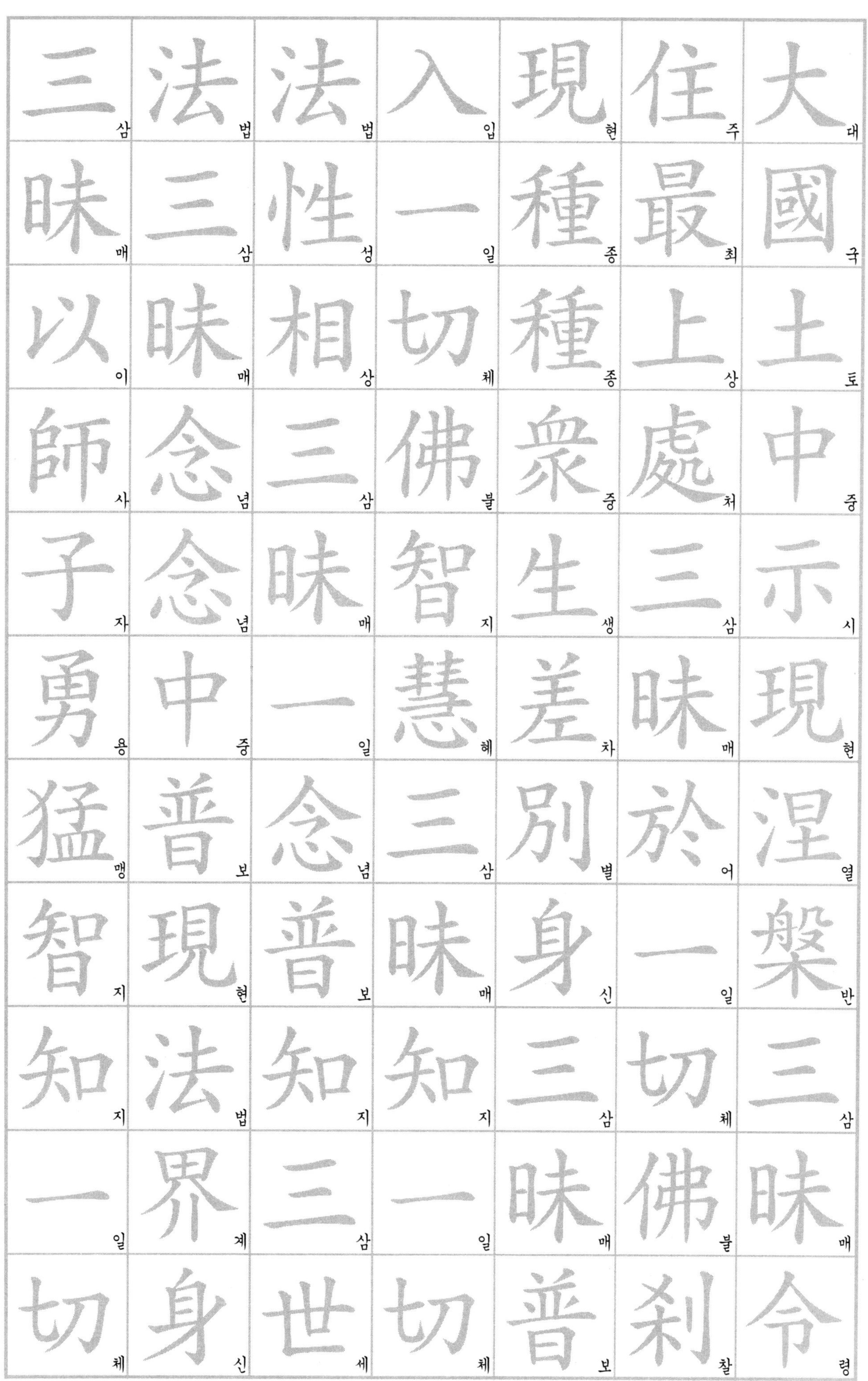
大國土中示現涅槃三昧令
住最上處三昧於一切佛刹
現種種衆生差別身三昧普
入一切佛智慧三昧知一切
法性相三昧一念普知三世
法三昧念念中普現法界身
三昧以師子勇猛智知一切

如來出興次第三昧於一切
여래출흥차제삼매어일체

法界境界慧眼圓滿三昧勇
법계경계혜안원만삼매용

猛趣向十力三昧放一切功
맹취향십력삼매방일체공

德圓滿光明普照世間三昧
덕원만광명보조세간삼매

不動藏三昧說一法普入一
부동장삼매설일법보입일

切法三昧於一法以一切言
체법삼매어일법이일체언

音差別訓釋三昧演說一切
음차별훈석삼매연설일체

사경의 공덕은 십만억 부처님께 공양한 것과 같은 공덕이 있습니다.

佛無二法三昧知三世無礙
불무이법삼매지삼세무애

際三昧知一切劫無差別三
제삼매지일체겁무차별삼

昧入十力微細方便三昧於
매입십력미세방편삼매어

一切劫成就一切菩薩行不
일체겁성취일체보살행부

斷絕三昧十方普現身三昧
단절삼매시방보현신삼매

於法界自在成正覺三昧生
어법계자재성정각삼매생

一切安隱受三昧出一切莊
일체안은수삼매출일체장

三 삼	切 체	示 시	見 견	昧 매	中 중	嚴 엄
昧 매	法 법	一 일	一 일	如 여	出 출	具 구
三 삼	義 의	切 체	切 체	來 래	等 등	莊 장
世 세	燈 등	佛 불	如 여	淨 정	衆 중	嚴 엄
一 일	三 삼	莊 장	來 래	空 공	生 생	虛 허
切 체	昧 매	嚴 엄	住 주	月 월	數 수	空 공
佛 불	照 조	三 삼	虛 허	光 광	變 변	界 계
幢 당	十 십	昧 매	空 공	明 명	化 화	三 삼
相 상	力 력	照 조	三 삼	三 삼	身 신	昧 매
三 삼	境 경	明 명	昧 매	昧 매	雲 운	念 념
昧 매	界 계	一 일	開 개	常 상	三 삼	念 념

一切佛一密藏三昧念念中
所作皆究竟三昧無盡福德
藏三昧見無邊佛境界三昧
堅住一切法三昧現一切如
來變化悉令知見三昧念念
中佛日常出現三昧一日中
悉知三世所有法三昧普音

사경의 공덕은 십만억 부처님께 공양한 것과 같은 공덕이 있습니다.

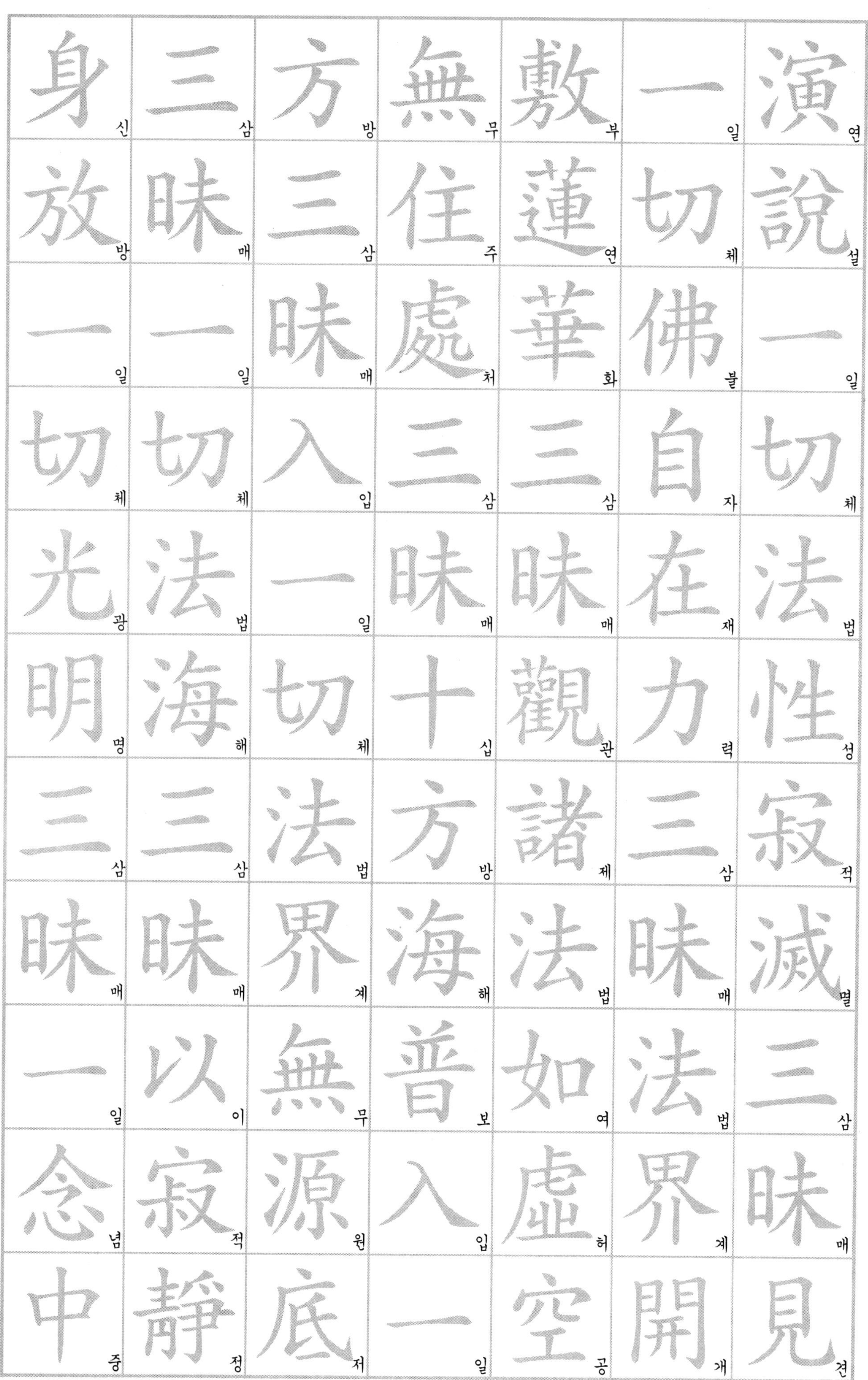
演說一切法性寂滅三昧見
一切佛自在力三昧法界開
敷蓮華三昧觀諸法如虛空
無住處三昧十方海普入一
方三昧入一切法界無源底
三昧一切法海三昧以寂靜
身放一切光明三昧一念中

現一切神通大願三昧一切
현일체신통대원삼매일체

時一切處成正覺三昧以一
시일체처성정각삼매이일

莊嚴入一切法界三昧普現
장엄입일체법계삼매보현

一切諸佛身三昧知一切衆
일체제불신삼매지일체중

生廣大殊勝神通智三昧一
생광대수승신통지삼매일

念其身徧法界三昧現一乘
념기신변법계삼매현일승

淨法界三昧入普門法界示
정법계삼매입보문법계시

現大莊嚴三昧住持一切佛
현대장엄삼매주지일체불

法輪三昧以一切法門莊嚴
법륜삼매이일체법문장엄

一法門三昧以因陀羅網願
일법문삼매이인다라망원

行攝一切衆生界三昧分別
행섭일체중생계삼매분별

一切世界門三昧乘蓮華自
일체세계문삼매승연화자

在遊步三昧知一切衆生種
재유보삼매지일체중생종

種差別神通智三昧令其身
종차별신통지삼매령기신

사경의 공덕은 십만억 부처님께 공양한 것과 같은 공덕이 있습니다.

恒(항)現(현)一(일)切(체)衆(중)生(생)前(전)三(삼)昧(매)知(지)一(일)

切(체)衆(중)生(생)差(차)別(별)音(음)聲(성)言(언)辭(사)海(해)三(삼)

昧(매)知(지)一(일)切(체)衆(중)生(생)差(차)別(별)智(지)神(신)通(통)

三(삼)昧(매)大(대)悲(비)平(평)等(등)藏(장)三(삼)昧(매)一(일)切(체)

佛(불)入(입)如(여)來(래)際(제)三(삼)昧(매)觀(관)察(찰)一(일)切(체)

如(여)來(래)解(해)脫(탈)處(처)師(사)子(자)頻(빈)申(신)三(삼)昧(매)

菩(보)薩(살)以(이)如(여)是(시)等(등)不(불)可(가)說(설)佛(불)刹(찰)

微塵數三昧入毘盧遮那如
미진수삼매입비로자나여

來念念充滿一切法界三昧
래념념충만일체법계삼매

神變海
신변해

其諸菩薩皆悉具足大智
기제보살개실구족대지

神通明利自在住於諸地以
신통명리자재주어제지이

廣大智普觀一切從諸智慧
광대지보관일체종제지혜

種性而生一切智智常現在
종성이생일체지지상현재

前得離癡翳淸淨智眼爲諸
전득이치예청정지안위제

衆生作調御師住佛平等於
중생작조어사주불평등어

一切法無有分別了達境界
일체법무유분별요달경계

知諸世間性皆寂滅無有依
지제세간성개적멸무유의

處普詣一切諸佛國土而無
처보예일체제불국토이무

所着悉能觀察一切諸法而
소착실능관찰일체제법이

無所住徧入一切妙法宮殿
무소주변입일체묘법궁전

而無所來教化調伏一切世
이 무 소 래 교 화 조 복 일 체 세

間普爲衆生現安隱處智慧
간 보 위 중 생 현 안 은 처 지 혜

解脫爲其所行恒以智身住
해 탈 위 기 소 행 항 이 지 신 주

離貪際超諸有海示眞實際
이 탐 제 초 제 유 해 시 진 실 제

智光圓滿普見諸法住於三
지 광 원 만 보 견 제 법 주 어 삼

昧堅固不動於諸衆生恒起
매 견 고 부 동 어 제 중 생 항 기

大悲知諸法門悉皆如幻一
대 비 지 제 법 문 실 개 여 환 일

切(체)衆(중)生(생)悉(실)皆(개)如(여)夢(몽)一(일)切(체)如(여)來(래)
悉(실)皆(개)如(여)影(영)一(일)切(체)言(언)音(음)悉(실)皆(개)如(여)
響(향)一(일)切(체)諸(제)法(법)悉(실)皆(개)如(여)化(화)善(선)能(능)
積(적)集(집)殊(수)勝(승)行(행)願(원)智(지)慧(혜)圓(원)滿(만)清(청)
淨(정)善(선)巧(교)心(심)極(극)寂(적)靜(정)善(선)入(입)一(일)切(체)
總(총)持(지)境(경)界(계)具(구)三(삼)昧(매)力(력)勇(용)猛(맹)無(무)
怯(겁)獲(획)明(명)智(지)眼(안)住(주)法(법)界(계)際(제)到(도)一(일)

智 지	顚 전	三 삼	以 이	岸 안	慧 혜	切 체
開 개	倒 도	昧 매	神 신	爲 위	大 대	法 법
示 시	智 지	波 바	通 통	般 반	海 해	無 무
法 법	知 지	羅 라	波 바	若 야	到 도	所 소
藏 장	一 일	蜜 밀	羅 라	波 바	智 지	得 득
以 이	切 체	得 득	蜜 밀	羅 라	波 바	處 처
現 현	義 의	心 심	普 보	蜜 밀	羅 라	修 수
了 료	以 이	自 자	入 입	之 지	蜜 밀	習 습
智 지	巧 교	在 재	世 세	所 소	究 구	無 무
訓 훈	分 분	以 이	間 간	攝 섭	竟 경	涯 애
釋 석	別 별	不 불	依 의	持 지	彼 피	智 지

文辭以大願力說法無盡以
문사이대원력설법무진이

無所畏大師子吼常樂觀察
무소외대사자후상락관찰

無依處法以淨法眼普觀一
무의처법이정법안보관일

切以淨智月照世成壞以智
체이정지월조세성괴이지

慧光照眞實諦福德智慧如
혜광조진실제복덕지혜여

金剛山一切譬諭所不能及
금강산일체비유소불능급

善觀諸法慧根增長勇猛精
선관제법혜근증장용맹정

사경의 공덕은 십만억 부처님께 공양한 것과 같은 공덕이 있습니다.

進摧伏衆魔無量智慧威光
진최복중마무량지혜위광

熾盛其身超出一切世間得
치성기신초출일체세간득

一切法無礙智慧善能悟解
일체법무애지혜선능오해

盡無盡際住於普際入眞實
진무진제주어보제입진실

際無相觀智常現在前善巧
제무상관지상현재전선교

成就諸菩薩行以無二智知
성취제보살행이무이지지

諸境界普見一切世間諸趣
제경계보견일체세간제취

사경의 공덕은 십만억 부처님께 공양한 것과 같은 공덕이 있습니다.

切 체	畏 외	福 복	實 실	法 법	滿 만	徧 변
剎 찰	摧 최	德 덕	福 복	光 광	於 어	往 왕
普 보	諸 제	高 고	田 전	照 조	一 일	一 일
見 견	外 외	大 대	若 약	十 시	切 체	切 체
諸 제	道 도	超 초	見 견	方 방	法 법	諸 제
佛 불	演 연	諸 제	若 약	界 계	無 무	佛 불
心 심	微 미	世 세	聞 문	爲 위	諸 제	國 국
無 무	妙 묘	間 간	所 소	諸 제	闇 암	土 토
厭 염	音 음	勇 용	願 원	世 세	障 장	智 지
足 족	徧 변	猛 맹	皆 개	間 간	放 방	燈 등
於 어	一 일	無 무	滿 만	眞 진	淨 정	圓 원

生 생	隨 수	徧 변	智 지	刹 찰	而 이	佛 불
根 의	衆 중	法 법	舟 주	已 이	爲 위	法 법
性 근	生 생	界 계	所 소	得 득	現 현	身 신
欲 성	心 심	譬 비	往 왕	自 자	身 신	已 이
樂 욕	現 현	如 여	無 무	在 재	一 일	得 득
入 락	其 기	日 일	礙 애	清 청	身 신	自 자
一 입	色 색	出 출	智 지	淨 정	充 충	在 재
切 일	像 상	普 보	慧 혜	神 신	滿 만	隨 수
法 체	知 지	照 조	圓 원	通 통	一 일	所 소
無 법	諸 제	世 세	滿 만	乘 승	切 체	應 응
諍 무	衆 중	間 간	周 주	大 대	佛 불	化 화

사경의 공덕은 십만억 부처님께 공양한 것과 같은 공덕이 있습니다.

無 무	所 소	羅 라	義 심	甚 지	令 능	境 쟁
量 량	受 수	海 해	於 어	深 심	小 령	界 경
劫 겁	持 지	獲 획	一 일	之 심	大 소	知 계
事 사	永 영	大 대	句 구	趣 지	自 대	諸 지
一 일	無 무	智 지	中 중	以 취	在 자	法 제
念 념	忘 망	慧 혜	演 연	無 이	相 재	性 법
悉 실	失 실	陀 다	說 설	盡 무	入 상	無 성
知 지	一 일	羅 라	一 일	句 진	決 입	生 무
三 삼	念 념	尼 니	切 체	說 구	了 결	無 생
世 세	能 능	身 신	修 수	甚 설	佛 요	起 무
一 일	憶 억	凡 범	多 다	深 심	地 불	能 기

사경의 공덕은 십만억 부처님께 공양한 것과 같은 공덕이 있습니다.

切諸衆生智恒以一切陀羅 (체제중생지항이일체다라)

尼門演說無邊諸佛法海常 (니문연설무변제불법해상)

轉不退淸淨法輪令諸衆生 (전불퇴청정법륜령제중생)

皆生智慧得佛境界智慧光 (개생지혜득불경계지혜광)

明入於善見甚深三昧入一 (명입어선견심심삼매입일)

切法無障礙際於一切法勝 (체법무장애제어일체법승)

智自在一切境界淸淨莊嚴 (지자재일체경계청정장엄)

言 언	藏 장	具 구	一 일	正 정	所 소	普 보
辭 사	常 상	如 여	切 체	覺 각	靡 미	入 입
說 설	爲 위	是 시	方 방	於 어	不 불	十 시
其 기	諸 제	等 등	普 보	無 무	咸 함	方 방
功 공	佛 불	無 무	入 입	色 색	至 지	一 일
德 덕	之 지	邊 변	一 일	性 성	一 일	切 체
不 불	所 소	福 복	方 방	現 현	一 일	法 법
能 능	稱 칭	智 지	其 기	一 일	塵 진	界 계
令 령	歎 탄	功 공	諸 제	切 체	中 중	隨 수
盡 진	種 종	德 덕	菩 보	色 색	現 현	其 기
靡 미	種 종	之 지	薩 살	以 이	成 성	方 방

不(불)咸(함)在(재)逝(서)多(다)林(림)中(중)深(심)入(입)如(여)來(래)
功(공)德(덕)大(대)海(해)悉(실)見(견)於(어)佛(불)光(광)明(명)所(소)
照(조)
爾(이)時(시)諸(제)菩(보)薩(살)得(득)不(부)思(사)議(의)正(정)
法(법)光(광)明(명)心(심)大(대)歡(환)喜(희)各(각)於(어)其(기)身(신)
及(급)以(이)樓(누)閣(각)諸(제)莊(장)嚴(엄)具(구)幷(병)其(기)所(소)
坐(좌)師(사)子(자)之(지)座(좌)徧(변)逝(서)多(다)林(림)一(일)切(체)

物(물)中(중)化(화)現(현)種(종)種(종)大(대)莊(장)嚴(엄)雲(운)充(충)
滿(만)一(일)切(체)十(시)方(방)法(법)界(계)
所(소)謂(위)於(어)念(념)念(념)中(중)放(방)大(대)光(광)明(명)
雲(운)充(충)滿(만)十(시)方(방)悉(실)能(능)開(개)悟(오)一(일)切(체)
衆(중)生(생)出(출)一(일)切(체)摩(마)尼(니)寶(보)鈴(령)雲(운)充(충)
滿(만)十(시)方(방)出(출)微(미)妙(묘)音(음)稱(칭)揚(양)讚(찬)歎(탄)
三(삼)世(세)一(일)切(체)功(공)德(덕)出(출)一(일)切(체)音(음)樂(악)

雲充滿十方音中演說一切
운충만시방음중연설일체

衆生諸業果報出一切菩薩
중생제업과보출일체보살

種種願行色相雲充滿十方
종종원행색상운충만시방

說諸菩薩所有大願出一切
설제보살소유대원출일체

如來自在變化雲充滿十方
여래자재변화운충만시방

演出一切諸佛如來語言音
연출일체제불여래어언음

聲出一切菩薩相好莊嚴身
성출일체보살상호장엄신

雲(운)充(충)滿(만)十(시)方(방)說(설)諸(제)如(여)來(래)於(어)一(일)
切(체)國(국)土(토)出(출)興(흥)次(차)第(제)出(출)三(삼)世(세)如(여)
來(래)道(도)場(량)雲(운)充(충)滿(만)十(시)方(방)現(현)一(일)切(체)
如(여)來(래)成(성)等(등)正(정)覺(각)功(공)德(덕)莊(장)嚴(엄)出(출)
一(일)切(체)龍(용)王(왕)雲(운)充(충)滿(만)十(십)方(방)雨(우)一(일)
切(체)諸(제)香(향)出(출)一(일)切(체)世(세)主(주)身(신)雲(운)充(충)
滿(만)十(시)方(방)演(연)說(설)普(보)賢(현)菩(보)薩(살)之(지)行(행)

出一切寶莊嚴淸淨佛刹雲
充滿十方現一切如來轉正
法輪是諸菩薩以得不思議
法光明故法應如是出興此
等不可說佛刹微塵數大神
變莊嚴雲
爾時文殊師利菩薩承佛

사경의 공덕은 십만억 부처님께 공양한 것과 같은 공덕이 있습니다.

神力欲重宣此逝多林中諸
신력욕중선차서다림중제

神變事觀察十方而說頌言
신변사관찰시방이설송언

汝應觀此逝多林
여응관차서다림

以佛威神廣無際
이불위신광무제

一切莊嚴皆是現
일체장엄개시현

十方法界悉充滿
시방법계실충만

十方一切諸國土
시방일체제국토

無邊品類大莊嚴
무변품류대장엄

於其座等境界中
어기좌등경계중

色像分明皆顯現
색상분명개현현

從諸佛子毛孔出
종제불자모공출

種種莊嚴寶焰雲
종종장엄보염운

及發如來微妙音
급발여래미묘음

徧滿十方一切刹
변만시방일체찰

寶樹華中現妙身 (보수화중현묘신)
其身色相等梵王 (기신색상등범왕)
從禪定起而遊步 (종선정기이유보)
進止威儀恒寂靜 (진지위의항적정)
如來一一毛孔內 (여래일일모공내)
常現難思變化身 (상현난사변화신)
皆如普賢大菩薩 (개여보현대보살)

種種諸相爲嚴好
종종제상위엄호

逝多林上虛空界
서다림상허공계

所有莊嚴發妙音
소유장엄발묘음

普說三世諸菩薩
보설삼세제보살

成就一切功德海
성취일체공덕해

逝多林中諸寶樹
서다림중제보수

亦出無量妙音聲
역출무량묘음성

演說一切諸群生
種種業海各差別
林中所有衆境界
悉現三世諸如來
一一皆起大神通
十方刹海微塵數
十方所有諸國土

一切剎海微塵數 (일체찰해미진수)

悉入如來毛孔中 (실입여래모공중)

次第莊嚴皆現覩 (차제장엄개현도)

所有莊嚴皆現佛 (소유장엄개현불)

數等衆生徧世間 (수등중생변세간)

一一咸放大光明 (일일함방대광명)

種種隨宜化群品 (종종수의화군품)

香焰衆華及寶藏 (향염중화급보장)

一切莊嚴殊妙雲 (일체장엄수묘운)

靡不廣大等虛空 (미불광대등허공)

徧滿十方諸國土 (변만시방제국토)

十方三世一切佛 (시방삼세일체불)

所有莊嚴妙道場 (소유장엄묘도장)

於此園林境界中 (어차원림경계중)

一一色像皆明現
일일색상개명현

一切普賢諸佛子
일체보현제불자

百千劫海莊嚴刹
백천겁해장엄찰

其數無量等衆生
기수무량등중생

莫不於此林中見
막불어차림중견

爾時彼諸菩薩以佛三昧
이시피제보살이불삼매

光明照故卽時得入如是三昧
광명조고즉시득입여시삼매

昧一一皆得不可說佛刹微
매일일개득불가설불찰미

塵數大悲門利益安樂一切
진수대비문이익안락일체

衆生於其身上一一毛孔皆
중생어기신상일일모공개

出不可說佛刹微塵數光明
출불가설불찰미진수광명

一一光明皆化現不可說佛
일일광명개화현불가설불

刹微塵數菩薩其身形相如
찰미진수보살기신형상여

世諸主普現一切衆生之前
세제주보현일체중생지전

周帀徧滿十方法界種種方
주잡변만시방법계종종방

便教化調伏或現不可說佛
편교화조복혹현불가설불

剎微塵數諸天宮殿無常門
찰미진수제천궁전무상문

或現不可說佛剎微塵數一
혹현불가설불찰미진수일

切衆生受生門或現不可說
체중생수생문혹현불가설

佛剎微塵數一切菩薩修行
불찰미진수일체보살수행

門或現不可說佛剎微塵數
문혹현불가설불찰미진수

夢境門或現不可說佛刹微
塵數菩薩大願門或現不可
說佛刹微塵數震動世界門
或現不可說佛刹微塵數分
別世界門或現不可說佛刹
微塵數現生世界門或現不
可說佛刹微塵數檀波羅蜜

門或現不可說佛剎微塵數
문혹현불가설불찰미진수

一切如來修諸功德種種苦
일체여래수제공덕종종고

行尸波羅蜜門或現不可說
행시바라밀문혹현불가설

佛剎微塵數割截肢體羼提
불찰미진수할절지체찬제

波羅蜜門或現不可說佛剎
바라밀문혹현불가설불찰

微塵數勤修毘梨耶波羅蜜
미진수근수비리야바라밀

門或現不可說佛剎微塵數
문혹현불가설불찰미진수

一切菩薩修諸三昧禪定解
일체보살수제삼매선정해

脫門或現不可說佛剎微塵
탈문혹현불가설불찰미진

數佛道圓滿智光明門或現
수불도원만지광명문혹현

不可說佛剎微塵數勤求佛
불가설불찰미진수근구불

法爲一文一句故捨無數身
법위일문일구고사무수신

命門或現不可說佛剎微塵
명문혹현불가설불찰미진

數親近一切佛諮問一切法
수친근일체불자문일체법

心(심)無(무)疲(피)厭(염)門(문)或(혹)現(현)不(불)可(가)說(설)佛(불)
刹(찰)微(미)塵(진)數(수)隨(수)諸(제)衆(중)生(생)時(시)節(절)欲(욕)
樂(락)往(왕)詣(예)其(기)所(소)方(방)便(편)成(성)熟(숙)令(령)住(주)
一(일)切(체)智(지)海(해)光(광)明(명)門(문)或(혹)現(현)不(불)可(가)
說(설)佛(불)刹(찰)微(미)塵(진)數(수)降(항)伏(복)衆(중)魔(마)制(제)
諸(제)外(외)道(도)顯(현)現(현)菩(보)薩(살)福(복)智(지)力(력)門(문)
或(혹)現(현)不(불)可(가)說(설)佛(불)刹(찰)微(미)塵(진)數(수)知(지)

一(일)切(체)工(공)巧(교)明(명)智(지)門(문)或(혹)現(현)不(불)可(가)
說(설)佛(불)刹(찰)微(미)塵(진)數(수)知(지)一(일)切(체)衆(중)生(생)
差(차)別(별)明(명)智(지)門(문)或(혹)現(현)不(불)可(가)說(설)佛(불)
刹(찰)微(미)塵(진)數(수)知(지)一(일)切(체)法(법)差(차)別(별)明(명)
智(지)門(문)或(혹)現(현)不(불)可(가)說(설)佛(불)刹(찰)微(미)塵(진)
數(수)知(지)一(일)切(체)衆(중)生(생)心(심)樂(락)差(차)別(별)明(명)
智(지)門(문)或(혹)現(현)不(불)可(가)說(설)佛(불)刹(찰)微(미)塵(진)

便 편	是 시	塵 진	明 명	微 미	氣 기	數 수
門 문	等 등	數 수	智 지	塵 진	明 명	知 지
往 왕	不 불	開 개	門 문	數 수	智 지	一 일
詣 예	可 가	悟 오	或 혹	知 지	門 문	切 체
一 일	說 설	一 일	現 현	一 일	或 혹	衆 중
切 체	佛 불	切 체	不 불	切 체	現 현	生 생
衆 중	刹 찰	衆 중	可 가	衆 중	不 불	根 근
生 생	微 미	生 생	說 설	生 생	可 가	行 행
住 주	塵 진	門 문	佛 불	種 종	說 설	煩 번
處 처	數 수	以 이	刹 찰	種 종	佛 불	惱 뇌
而 이	方 방	如 여	微 미	業 업	刹 찰	習 습

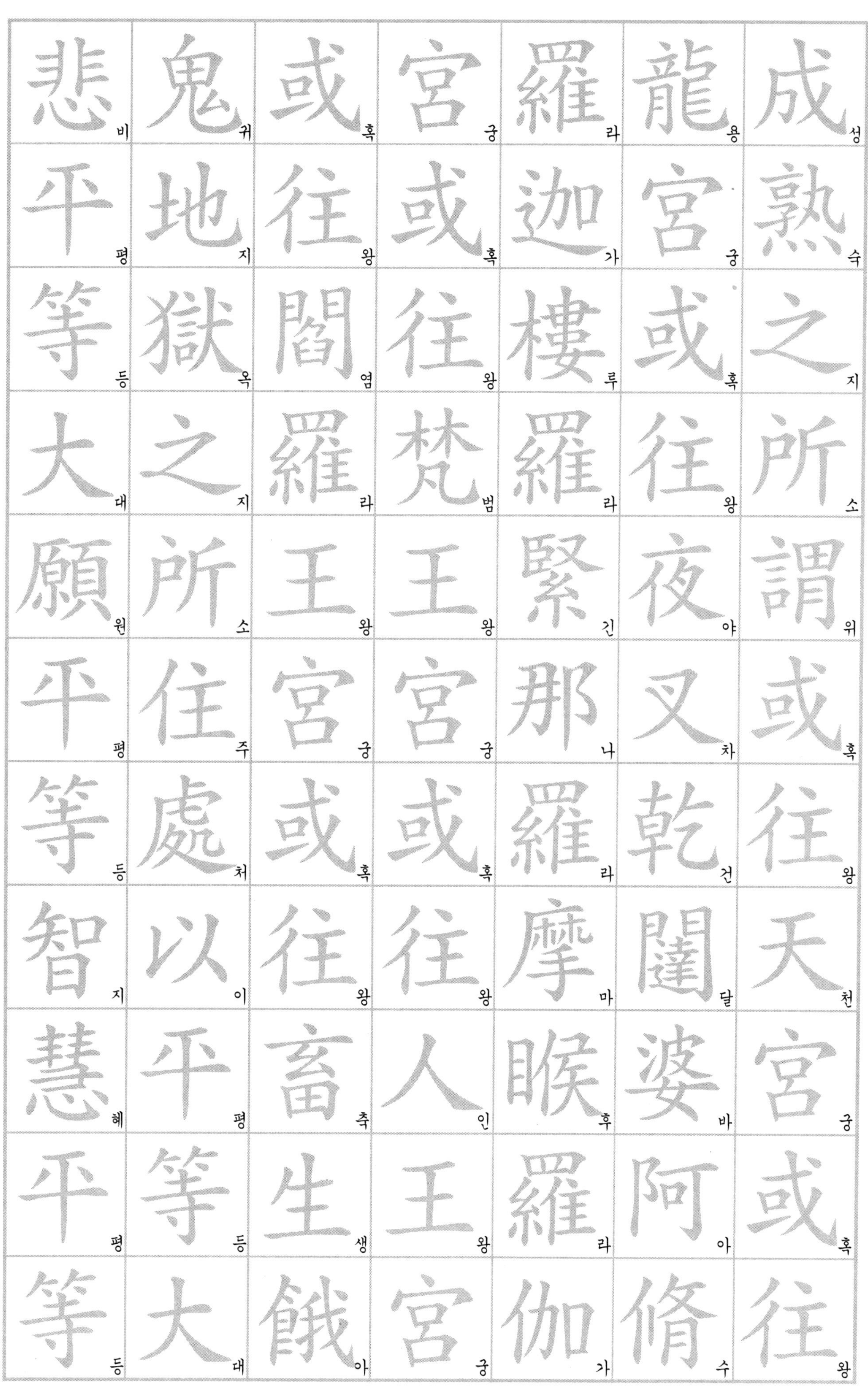
成熟之所謂或往天宮或往
龍宮或往夜叉乾闥婆阿脩
羅迦樓羅緊那羅摩睺羅伽
宮或往梵王宮或往人王宮
或往閻羅王宮或往畜生餓
鬼地獄之所住處以平等大
悲平等大願平等智慧平等

方便攝諸衆生或有見已而
방편섭제중생혹유견이이

調伏者或有聞已而調伏者
조복자혹유문이이조복자

或有憶念而調伏者或聞音
혹유억념이조복자혹문음

聲而調伏者或聞名號而調
성이조복자혹문명호이조

伏者或見圓光而調伏者或
복자혹견원광이조복자혹

見光網而調伏者隨諸衆生
견광망이조복자수제중생

心之所樂皆詣其所令其獲
심지소락개예기소령기획

사경의 공덕은 십만억 부처님께 공양한 것과 같은 공덕이 있습니다.

益(익)佛(불)子(자)此(차)逝(서)多(다)林(림)一(일)切(체)菩(보)薩(살)

爲(위)欲(욕)成(성)熟(숙)諸(제)衆(중)生(생)故(고)或(혹)時(시)現(현)

處(처)種(종)種(종)嚴(엄)飾(식)諸(제)宮(궁)殿(전)中(중)或(혹)時(시)

示(시)現(현)住(주)自(자)樓(누)閣(각)寶(보)師(사)子(자)座(좌)道(도)

場(량)衆(중)會(회)所(소)共(공)圍(위)繞(요)周(주)徧(변)十(십)方(방)

皆(개)令(령)得(득)見(견)然(연)亦(역)不(불)離(리)此(차)逝(서)多(다)

林(림)如(여)來(래)之(지)所(소)佛(불)子(자)此(차)諸(제)菩(보)薩(살)

身 신	或 혹	身 신	行 행	門 문	其 기	或 혹
或 혹	現 현	或 혹	身 신	身 신	身 신	時 시
現 현	妓 기	現 현	或 혹	或 혹	獨 독	示 시
工 공	樂 락	商 상	現 현	現 현	一 일	現 현
巧 교	身 신	主 주	充 충	婆 바	無 무	無 무
技 기	或 혹	身 신	盛 성	羅 라	侶 려	量 량
術 술	現 현	或 혹	身 신	門 문	所 소	化 화
身 신	奉 봉	現 현	或 혹	身 신	謂 위	身 신
往 왕	事 사	淨 정	現 현	或 혹	或 혹	雲 운
詣 예	諸 제	命 명	醫 의	現 현	現 현	或 혹
一 일	天 천	身 신	王 왕	苦 고	沙 사	現 현

切村營城邑王都聚落諸衆
체촌영성읍왕도취락제중

生所隨其所應以種種形相
생소수기소응이종종형상

種種威儀種種音聲種種言
종종위의종종음성종종언

論種種住處於一切世間猶
론종종주처어일체세간유

如帝網行菩薩行或說一切
여제망행보살행혹설일체

世間工巧事業或說一切智
세간공교사업혹설일체지

慧照世明燈或說一切衆生
혜조세명등혹설일체중생

業力所莊嚴或說十方國土
업력소장엄혹설시방국토

建立諸乘位或說智燈所照
건립제승위혹설지등소조

一切法境界教化成就一切
일체법경계교화성취일체

衆生而亦不離此逝多林如
중생이역불리차서다림여

來之所
래지소

爾時文殊師利童子從善
이시문수사리동자종선

住樓閣出與無量同行菩薩
주누각출여무량동행보살

切 체	尼 니	主 주	樂 락	發 발	衆 중	及 급
儀 의	爲 위	水 수	聞 문	堅 견	生 생	常 상
式 식	冠 관	神 신	妙 묘	誓 서	供 공	隨 수
主 주	主 주	智 지	法 법	願 원	養 양	侍 시
方 방	風 풍	光 광	主 주	常 상	諸 제	衛 위
神 신	神 신	照 조	地 지	隨 수	佛 불	諸 제
專 전	明 명	耀 요	神 신	從 종	諸 제	金 금
勤 근	練 련	主 주	常 상	諸 제	身 신	剛 강
除 제	十 시	火 화	修 수	足 족	衆 중	神 신
滅 멸	方 방	神 신	大 대	行 행	神 신	普 보
無 무	一 일	摩 마	悲 비	神 신	久 구	爲 위

사경의 공덕은 십만억 부처님께 공양한 것과 같은 공덕이 있습니다.

明黑暗主夜神一心匪懈闡

明佛日主晝神莊嚴法界一

切虛空主空神普度衆生超

諸有海主海神常勤積集趣

一切智助道善根高大如山

主山神常勤守護一切衆生

菩提心城主城神常勤守護

一切智智無上法城諸大龍
일체지지무상법성제대용

王常勤守護一切衆生諸夜
왕상근수호일체중생제야

叉王常令衆生增長歡喜乾
차왕상령중생증장환희건

闥婆王常勤除滅諸餓鬼趣
달바왕상근제멸제아귀취

鳩槃茶王恒願拔濟一切衆
구반다왕항원발제일체중

生出諸有海迦樓羅王願得
생출제유해가루라왕원득

成就諸如來身高出世間阿
성취제여래신고출세간아

사경의 공덕은 십만억 부처님께 공양한 것과 같은 공덕이 있습니다.

修羅王見佛歡喜曲躬恭敬
수라왕견불환희곡궁공경

摩睺羅伽王常厭生死恒樂
마후라가왕상염생사항락

見佛諸大天王尊重於佛讚
견불제대천왕존중어불찬

歎供養諸大梵王文殊師利
탄공양제대범왕문수사리

與如是等功德莊嚴諸菩薩
여여시등공덕장엄제보살

衆出自住處來詣佛所右繞
중출자주처래예불소우요

世尊經無量匝以諸供具種
세존경무량잡이제공구종

사경의 공덕은 십만억 부처님께 공양한 것과 같은 공덕이 있습니다.

種(종)供(공)養(양)供(공)養(양)畢(필)已(이)辭(사)退(퇴)南(남)行(행)

往(왕)於(어)人(인)間(간)

爾(이)時(시)尊(존)者(자)舍(사)利(리)弗(불)承(승)佛(불)神(신)

力(력)見(견)文(문)殊(수)師(사)利(리)菩(보)薩(살)與(여)諸(제)菩(보)

薩(살)衆(중)會(회)莊(장)嚴(엄)出(출)逝(서)多(다)林(림)往(왕)於(어)

南(남)方(방)遊(유)行(행)人(인)間(간)作(작)如(여)是(시)念(념)我(아)

今(금)當(당)與(여)文(문)殊(수)師(사)利(리)俱(구)往(왕)南(남)方(방)

사경의 공덕은 십만억 부처님께 공양한 것과 같은 공덕이 있습니다.

時(시) 尊(존) 者(자) 舍(사) 利(리) 弗(불) 與(여) 六(육) 千(천) 比(비) 丘(구)

前(전) 後(후) 圍(위) 繞(요) 出(출) 自(자) 住(주) 處(처) 來(내) 詣(예) 佛(불)

所(소) 頂(정) 禮(례) 佛(불) 足(족) 具(구) 白(백) 世(세) 尊(존) 世(세) 尊(존)

聽(청) 許(허) 右(우) 遶(요) 三(삼) 匝(잡) 辭(사) 退(퇴) 而(이) 去(거) 往(왕)

文(문) 殊(수) 師(사) 利(리) 所(소) 此(차) 六(육) 千(천) 比(비) 丘(구) 是(시)

舍(사) 利(리) 弗(불) 自(자) 所(소) 同(동) 住(주) 出(출) 家(가) 未(미) 久(구)

所(소) 謂(위) 海(해) 覺(각) 比(비) 丘(구) 善(선) 生(생) 比(비) 丘(구) 福(복)

사경의 공덕은 십만억 부처님께 공양한 것과 같은 공덕이 있습니다.

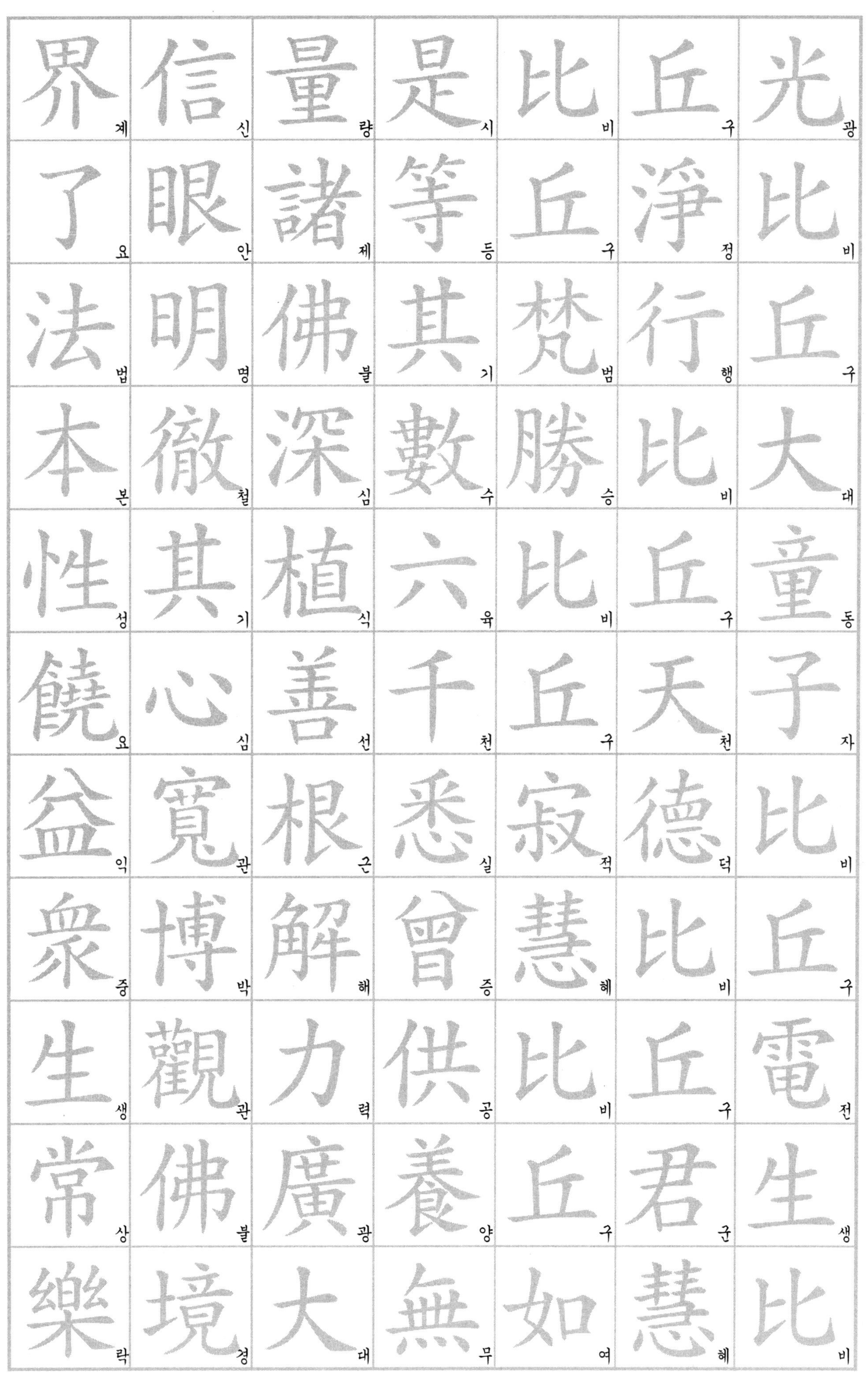

사경의 공덕은 십만억 부처님께 공양한 것과 같은 공덕이 있습니다.

사경의 공덕은 십만억 부처님께 공양한 것과 같은 공덕이 있습니다.

映徹令無量衆生發歡喜心
영철령무량중생발환희심
汝可觀察文殊師利光網莊
여가관찰문수사리광망장
嚴除滅衆生無量苦惱汝可
엄제멸중생무량고뇌여가
觀察文殊師利衆會具足皆
관찰문수사리중회구족개
是菩薩往昔善根之所攝受
시보살왕석선근지소섭수
汝可觀察文殊師利所行之
여가관찰문수사리소행지
路左右八步平坦莊嚴汝可
로좌우팔보평탄장엄여가

觀察文殊師利所往之處周
관찰문수사리소왕지처주

迴十方常有道場隨逐而轉
회십방상유도량수축이전

汝可觀察文殊師利所行之
여가관찰문수사리소행지

路具足無量福德莊嚴左右
로구족무량복덕장엄좌우

兩邊有大伏藏種種珍寶自
양변유대복장종종진보자

然而出汝可觀察文殊師利
연이출여가관찰문수사리

曾供養佛善根所流一切樹
증공양불선근소류일체수

사경의 공덕은 십만억 부처님께 공양한 것과 같은 공덕이 있습니다.

間(간) 出(출) 莊(장) 嚴(엄) 藏(장) 汝(여) 可(가) 觀(관) 察(찰) 文(문) 殊(수)

師(사) 利(리) 諸(제) 世(세) 間(간) 主(주) 兩(양) 供(공) 具(구) 雲(운) 頂(정)

禮(례) 恭(공) 敬(경) 以(이) 爲(위) 供(공) 養(양) 汝(여) 可(가) 觀(관) 察(찰)

文(문) 殊(수) 師(사) 利(리) 十(시) 方(방) 一(일) 切(체) 諸(제) 佛(불) 如(여)

來(래) 將(장) 說(설) 法(법) 時(시) 悉(실) 放(방) 眉(미) 間(간) 白(백) 毫(호)

相(상) 光(광) 來(래) 照(조) 其(기) 身(신) 從(종) 頂(정) 上(상) 入(입)

爾(이) 時(시) 尊(존) 者(자) 舍(사) 利(리) 弗(불) 爲(위) 諸(제) 比(비)

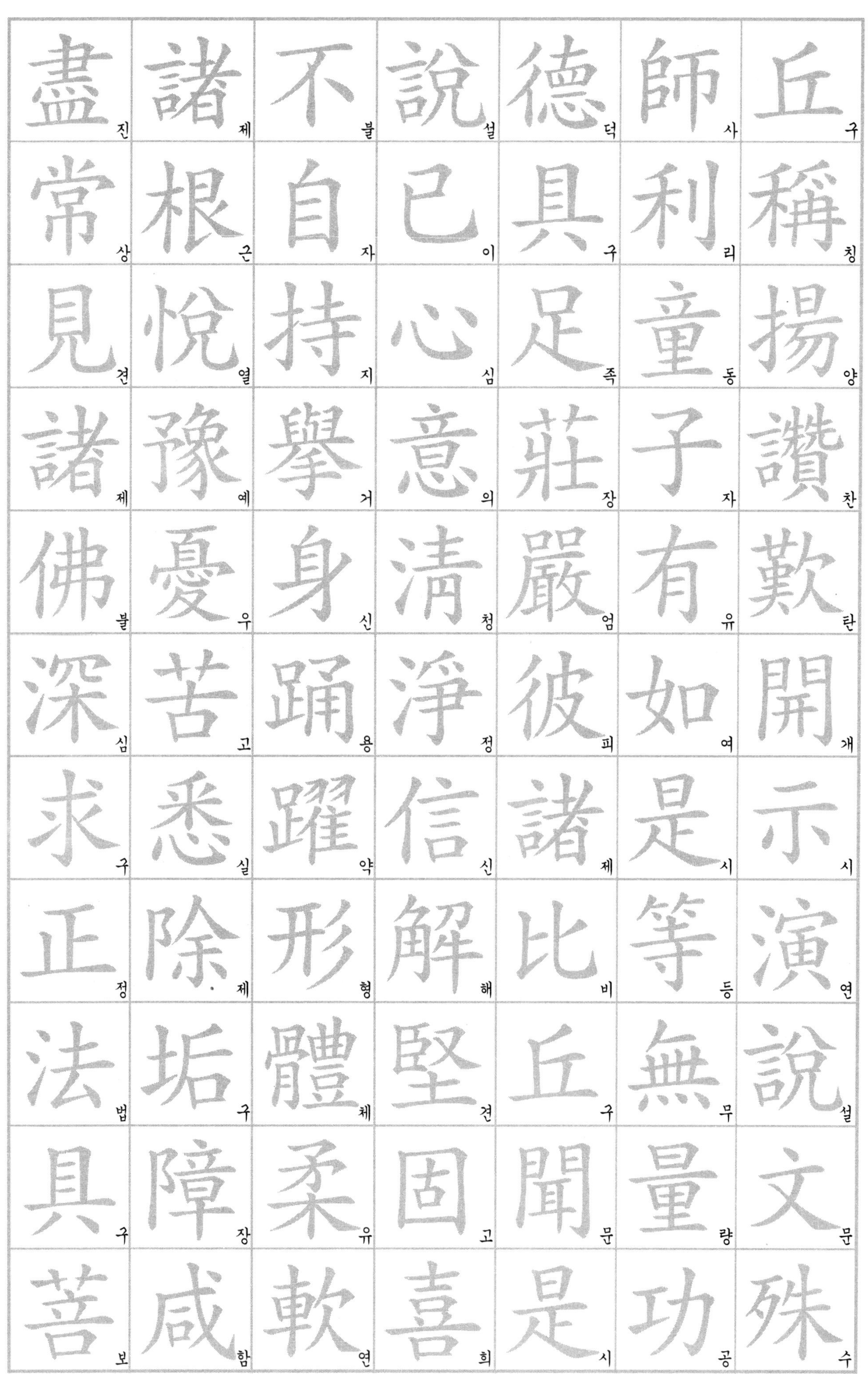
丘稱揚讚歎開示演說文殊
구칭양찬탄개시연설문수
師利童子有如是等無量功
사리동자유여시등무량공
德具足莊嚴彼諸比丘聞是
덕구족장엄피제비구문시
說已心意淸淨信解堅固喜
설이심의청정신해견고희
不自持擧身踊躍形體柔軟
불자지거신용약형체유연
諸根悅豫憂苦悉除垢障咸
제근열예우고실제구장함
盡常見諸佛深求正法具菩
진상견제불심구정법구보

사경의 공덕은 십만억 부처님께 공양한 것과 같은 공덕이 있습니다.

薩根得菩薩力大悲大願皆
살근득보살력대비대원개

自出生入於諸度甚深境界
자출생입어제도심심경계

十方佛海常現在前於一切
시방불해상현재전어일체

智深生信樂卽白尊者舍利
지심생신락즉백존자사리

弗言唯願大師將引我等往
불언유원대사장인아등왕

詣於彼勝人之所時舍利弗
예어피승인지소시사리불

卽興俱行至其所已白言仁
즉흥구행지기소이백언인

者자 此차 諸제 比비 丘구 願원 得득 奉봉 覲근 爾이 時시
文문 殊수 師사 利리 童동 子자 無무 量량 自자 在재 菩보
薩살 圍위 遶요 幷병 其기 大대 衆중 如여 象상 王왕 迴회
觀관 諸제 比비 丘구 時시 諸제 比비 丘구 頂정 禮례 其기
足족 合합 掌장 恭공 敬경 作작 如여 是시 言언 我아 今금
奉봉 見견 恭공 敬경 禮예 拜배 及급 餘여 所소 有유 一일
切체 善선 根근 唯유 願원 仁인 者자 文문 殊수 師사 利리

和(화)尚(상)舍(사)利(리)弗(불)世(세)尊(존)釋(석)迦(가)牟(모)尼(니)
皆(개)悉(실)證(증)知(지)
如(여)仁(인)所(소)有(유)如(여)是(시)色(색)身(신)如(여)是(시)
音(음)聲(성)如(여)是(시)相(상)好(호)如(여)是(시)自(자)在(재)願(원)
我(아)一(일)切(체)悉(실)當(당)具(구)得(득)爾(이)時(시)文(문)殊(수)
師(사)利(리)菩(보)薩(살)告(고)諸(제)比(비)丘(구)言(언)比(비)丘(구)
若(약)善(선)男(남)子(자)善(선)女(여)人(인)成(성)就(취)十(십)種(종)

趣(취)大(대)乘(승)法(법)則(즉)能(능)速(속)入(입)如(여)來(래)之(지)
地(지)況(황)菩(보)薩(살)地(지)何(하)者(자)爲(위)十(십)所(소)謂(위)
積(적)集(집)一(일)切(체)善(선)根(근)心(심)無(무)疲(피)厭(염)見(견)
一(일)切(체)佛(불)承(승)事(사)供(공)養(양)心(심)無(무)疲(피)厭(염)
求(구)一(일)切(체)佛(불)法(법)心(심)無(무)疲(피)厭(염)行(행)一(일)
切(체)波(바)羅(라)蜜(밀)心(심)無(무)疲(피)厭(염)成(성)就(취)一(일)
切(체)菩(보)薩(살)三(삼)昧(매)心(심)無(무)疲(피)厭(염)次(차)第(제)

사경의 공덕은 십만억 부처님께 공양한 것과 같은 공덕이 있습니다.

入一切三世心無疲厭普嚴
입일체삼세심무피염보엄

淨十方佛刹心無疲厭教化
정시방불찰심무피염교화

調伏一切衆生心無疲厭於
조복일체중생심무피염어

一切刹一切劫中成就菩薩
일체찰일체겁중성취보살

行心無疲厭爲成就一衆生
행심무피염위성취일중생

故修行一切佛刹微塵數波
고수행일체불찰미진수바

羅蜜成就如來十力如是次
라밀성취여래십력여시차

第(제)爲(위)成(성)熟(숙)一(일)切(체)衆(중)生(생)界(계)成(성)就(취)

如(여)來(래)一(일)切(체)力(력)心(심)無(무)疲(피)厭(염)

比(비)丘(구)若(약)善(선)男(남)子(자)善(선)女(여)人(인)成(성)

就(취)深(심)信(신)發(발)此(차)十(십)種(종)無(무)疲(피)厭(염)心(심)

則(즉)能(능)長(장)養(양)一(일)切(체)善(선)根(근)捨(사)離(리)一(일)

切(체)諸(제)生(생)死(사)趣(취)超(초)過(과)一(일)切(체)世(세)間(간)

種(종)性(성)不(불)墮(타)聲(성)聞(문)辟(벽)支(지)佛(불)地(지)生(생)

사경의 공덕은 십만억 부처님께 공양한 것과 같은 공덕이 있습니다.

一(일)切(체)如(여)來(래)家(가)具(구)一(일)切(체)菩(보)薩(살)願(원)
學(학)習(습)一(일)切(체)如(여)來(래)功(공)德(덕)修(수)行(행)一(일)
切(체)菩(보)薩(살)諸(제)行(행)得(득)如(여)來(래)力(력)摧(최)伏(복)
衆(중)魔(마)及(급)諸(제)外(외)道(도)亦(역)能(능)除(제)滅(멸)一(일)
切(체)煩(번)惱(뇌)入(입)菩(보)薩(살)地(지)近(근)如(여)來(래)地(지)
時(시)諸(제)比(비)丘(구)聞(문)此(차)法(법)已(이)則(즉)得(득)三(삼)
昧(매)名(명)無(무)礙(애)眼(안)見(견)一(일)切(체)佛(불)境(경)界(계)

得此三昧故悉見十方無量
득차삼매고실견시방무량

無邊一切世界諸佛如來及
무변일체세계제불여래급

其所有道場衆會亦悉見彼
기소유도량중회역실견피

十方世界一切諸趣所有衆
시방세계일체제취소유중

生亦悉見彼一切諸世界種
생역실견피일체제세계종

種差別亦悉見彼一切世界
종차별역실견피일체세계

所有微塵亦悉見彼諸世界
소유미진역실견피제세계

사경의 공덕은 십만억 부처님께 공양한 것과 같은 공덕이 있습니다.

中一切衆生所住宮殿以種
중일체중생소주궁전이종

種寶而爲莊嚴及亦聞彼諸
종보이위장엄급역문피제

佛如來種種言音演說諸法
불여래종종언음연설제법

文辭訓釋悉皆解了亦能觀
문사훈석실개해료역능관

察彼世界中一切衆生諸根
찰피세계중일체중생제근

心欲亦能憶念彼世界中一
심욕역능억념피세계중일

切衆生前後十生亦能憶念
체중생전후십생역능억념

사경의 공덕은 십만억 부처님께 공양한 것과 같은 공덕이 있습니다.

사경의 공덕은 십만억 부처님께 공양한 것과 같은 공덕이 있습니다.

明得菩薩十神通柔軟微妙 (명득보살십신통유연미묘)
住菩薩心堅固不動 (주보살심견고부동)
爾時文殊師利菩薩勸諸 (이시문수사리보살권제)
比丘住普賢行住普賢行已 (비구주보현행주보현행이)
入大願海入大願海已成就 (입대원해입대원해이성취)
大願海以成就大願海故心 (대원해이성취대원해고심)
清淨心清淨故身清淨身清 (청정심청정고신청정신청)

淨故身輕利身清淨輕利故
정고신경리신청정경리고

得大神通無有退轉得此神
득대신통무유퇴전득차신

通故不離文殊師利足下普
통고불리문수사리족하보

於十方一切佛所悉現其身
어십방일체불소실현기신

具足成就一切佛法
구족성취일체불법

發 願 文

귀의 삼보하옵고
거룩하신 부처님께 발원하옵나이다.

주 소 : ____________________

전 화 : ____________ 불명 : ________ 성명 : ________

불기 25 ________ 년 ________ 월 ________ 일